Turma da Mônica
Como educar seu Cãozinho

Alexandre Rossi - Mauricio de Sousa

Caramelo

Copyright do texto © Alexandre Rossi, 2023

Copyright das ilustrações © Mauricio de Sousa e Mauricio de Sousa Editora, 2023

Caramelo

Presidência: Guilherme Alves Melega
Vice-presidência de soluções e serviços educacionais: Camila Montero Vaz Cardoso
Direção editorial: Lidiane Vivaldini Olo
Gerência editorial: Julio Cesar Augustus de Paula Santos
Coordenação editorial: Laura Vecchioli do Prado
Edição: Carlos Eduardo de Oliveira (editor responsável), Gabriela Castro (editora) e Bianca Ramos (estagiária)
Planejamento, controle de produção e indicadores: Flávio Matuguma (ger.), Juliana Batista (coord.), Jayne Ruas (analista) e Renata Mendes (assistente)
Revisão: Letícia Pieroni (coord.), Aline Cristina Vieira, Anna Clara Razvickas, Carla Bertinato, Carolina Guarilha, Daniela Lima, Danielle Modesto, Diego Carbone, Elane Vicente, Gisele Valente, Helena Settecerze, Kátia S. Lopes Godoi, Lilian M. Kumai, Luana Marques, Luíza Thomaz, Malvina Tomáz, Marília H. Lima, Paula Freire, Paula Rubia Baltazar, Paula Teixeira, Rafael Simeão, Raquel A. Taveira, Ricardo Miyake, Shirley Figueiredo Ayres, Tayra Alfonso, Thaise Rodrigues e Thayane Vieira
Arte: Fernanda Costa da Silva (ger.), Fábio Cavalcante (edição de arte)
Diagramação: Fábio Cavalcante
Design: Fábio Cavalcante
Fotos de capa: Carijó Filmes/Thales Trigo

Todos os direitos reservados por Somos Sistemas de Ensino S.A.
Avenida Paulista, 901, 6º andar – Bela Vista
São Paulo – SP – CEP 01310-200
http://www.somoseducacao.com.br

Dados Internacionais de Catalogação na Publicação (CIP)

```
Rossi, Alexandre
    Como educar seu cãozinho / Alexandre Rossi ; ilustrado
por Mauricio de Sousa. - 1. ed. - São Paulo : Caramelo,
2023.
    32 p. : il., color.

ISBN 978-85-5759-159-2

1. Cães - Comportamento - Literatura infantojuvenil 2. Cães
- Adestramento - Literatura infantojuvenil I. Título II.
Sousa, Mauricio de
23-3399                                              CDD 636.7
```

Angélica Ilacqua – Bibliotecária – CRB-8/7057

2023
Código CAE 825982
1ª edição
1ª impressão

Impressão e acabamento Bartira

Uma publicação

Estúdios Mauricio de Sousa apresentam:
Presidente: Mauricio de Sousa
Diretoria: Alice Keico Takeda, Mauro Takeda e Sousa, Mônica S. e Sousa
Diretora executiva: Alice Keico Takeda
Direção de arte: Wagner Bonilla
Diretor de licenciamento: Rodrigo Paiva
Assistente de diretoria: Maria Vitorino
Coordenadora comercial: Alexandra Paulista
Editor: Sidney Gusman
Revisão: Daniela Gomes Furlan, Ivana Mello, Lina Furlan
Editor de arte: Mauro Souza
Coordenação administrativa do estúdio: Irene Dellega, Maria A. Rabello
Coordenação de arte-final: Tatiana Monteiro
Produtora editorial: Juliana Bojczuk
Desenho: Emy T. Y. Acosta
Desenho de capa: Anderson Nunes
Arte-final: Clarisse Hirabayashi, Cristina H. Ando, Cristiane Colheado, Marcos Paulo Silva
Cor: Amanda Neves, Giba Valadares, Kaio Bruder, Marcelo Conquista, Mariana Reis, Mayra Adati, Mauro Souza
Designer gráfico e diagramação: Mariangela Saraiva Ferradás
Supervisão de conteúdo: Marina T. e Sousa Cameron
Supervisão geral: Mauricio de Sousa

Direção geral: Alexandre Rossi
Produção executiva: Emerson Duran
Direção de conteúdo: Samantha Melo
Gerência de projeto: Camila Bagatin
Redação e pesquisa: Luciana Loew
Comercial: Marisa Cardoso

Dados Internacionais de Catalogação na Publicação (CIP)

```
Rossi, Alexandre
    Como educar seu cãozinho [livro eletrônico] / Alexandre
Rossi ; ilustrado por Mauricio de Sousa. - 1. ed. - São
Paulo : Caramelo, 2023.
    PDF

ISBN 978-85-5759-160-8 (e-book)

1. Cães - Comportamento - Literatura infantojuvenil 2. Cães
- Adestramento - Literatura infantojuvenil I. Título II.
Sousa, Mauricio de
23-3537                                              CDD 636.7
```

Angélica Ilacqua – Bibliotecária – CRB-8/7057

SUMÁRIO

CAPÍTULO 1 – A MATILHA 4

CAPÍTULO 2 – AMOR INCONDICIONAL 7

CAPÍTULO 3 – A TROCA 10

CAPÍTULO 4 – A ATENÇÃO 12

CAPÍTULO 5 – ACESSÓRIOS PARA O TREINAMENTO 14

CAPÍTULO 6 – TÉCNICAS PARA O TREINAMENTO INTELIGENTE 18

CAPÍTULO 7 – LINGUAGEM 22

CAPÍTULO 8 – TÉCNICA DO *CLICKER* 23

CAPÍTULO 9 – COMANDOS 24

Capítulo 1

A matilha

Você já parou para se perguntar de onde vêm os cães? Antes de começarem a morar na casa dos humanos – na verdade, em uma época em que nem existiam casas ainda –, os cachorros viviam na natureza, em matilhas.

> Matilha é o nome que se dá aos grandes bandos em que os cães vivem na natureza.

É muito importante entender como os cães viviam em matilhas na natureza, porque as regras desses grupos estão na memória deles até hoje. Só que agora eles vivem em nossas casas, e adivinha quem eles pensam que faz parte da matilha! Se você respondeu "nós, os humanos", acertou.

Para os cachorros, nós somos parte do grupo deles. Eles não entendem que somos diferentes. Mas nós, sim. Por isso, precisamos sempre lembrar que, apesar de amarmos muito os nossos bichos e, às vezes, até pensarmos que eles são como nós, a verdade é que cães não são gente.

Na matilha existe sempre um líder, que tem a função de proteger e passar segurança aos demais integrantes do bando. Na sua casa, quem ocupa esse posto é você! E seu cãozinho vai precisar seguir as suas regras para se sentir seguro. Caso contrário, ele pode achar que o líder é ele – e aí, vai ser tudo do jeito dele. Imagina a confusão!

Mas não se preocupe: você vai ser um líder muito legal. Porque ser líder não significa dar bronca nem deixar seu amigo com medo para que ele respeite você. Na verdade, é o contrário. Cachorros que sofrem ameaças e agressões são mais difíceis de educar e podem se tornar perigosos. Isso porque eles aprendem por imitação, ou seja, diante de gritos e tapas, eles acabam se tornando violentos.

Devemos liderar o nosso cãozinho com regras claras, ensinando com gentileza e recompensando os comportamentos corretos. Vamos ver como fazer isso?

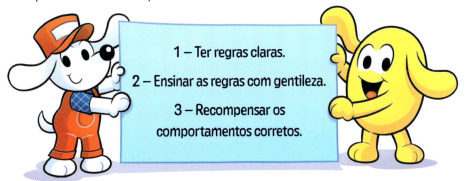

1 – Ter regras claras.
2 – Ensinar as regras com gentileza.
3 – Recompensar os comportamentos corretos.

Regras

Se o nosso amigo recebe carinho o dia inteiro, mesmo que esteja fazendo algo que a gente não queira, ele não vai entender o que está certo ou errado. O mesmo vale para a situação contrária: se nós só dermos bronca, sem recompensar uma atitude correta, ele também não vai aprender.

Por isso é tão importante deixar claro, com firmeza, mas sem gritos nem agressões, o que ele pode ou não fazer. Veja alguns exemplos de regras que você pode começar a ensinar a seu amigo.

- Na hora de alimentar seu cachorro, ensine-o a esperar sentado até que você coloque a vasilha com ração no chão. Esperar alguns segundos não faz mal para ele, mas vai ajudá-lo a comer de forma mais tranquila, sem pular em cima de quem estiver trazendo a comida.

- Na hora de colocar a coleira, ensine-o a esperar sentado, sem se debater. Uma forma de fazer isso é segurar um petisco que ele possa mordiscar enquanto você coloca a coleira.

🗨 Ganhe respeito

Para ganhar o respeito de seu cãozinho e conseguir fazer um ótimo treinamento, dê sempre o exemplo: não faça brincadeiras violentas, não mexa em partes sensíveis, como a boca, e evite disputas. Não brinque de assustá-lo ou faça coisas como ameaçar pegar o osso dele. Quando isso acontece e ele rosna, está se comportando como se estivesse na matilha, pois está se sentindo em perigo. Como seu cachorro não é gente, não entende a brincadeira dos humanos.

Brincadeiras violentas.

Assustar ou ameaçar pegar a comida.

Tirar o osso ou a comida do cachorro enquanto ele estiver comendo.

Sinalize quando a brincadeira for começar.

Quando for brincar com ele, uma forma de mostrar que você está no comando é sinalizar que a brincadeira vai começar, como um convite. Pode ser um movimento com as mãos batendo nas pernas, por exemplo.

E você pode sempre dizer "hora de brincar!", só para reforçar. Ele, aos poucos, vai aprender que esse é o sinal para começar a folia.

Também é você quem decide quando a brincadeira deve acabar. Então, fique atento: o cachorro deve estar relaxado e contente, nunca tenso ou agressivo. Se, durante a brincadeira, perceber que ele está ficando assim, pare. Mostre que você está no controle.

Por último, se o cãozinho se comportar bem, faça muito carinho nele e o recompense. Assim, ele vai entender o que se espera dele, e a comunicação entre vocês vai melhorar.

Capítulo 2 — Amor incondicional

🎈 Amor e entendimento

Vamos imaginar que é feriado, não tem aula e pintou aquela vontade de brincar. O que você faz: vai jogar *videogame*, ler um gibi ou bater uma bola com algum amigo, talvez?

E seu cachorro, o que faz quando quer brincar? Ele não joga *videogame* nem lê gibis (será?). E, apesar de alguns adorarem correr atrás de uma bola, os cachorros não sabem nada de basquete ou futebol. Seu cãozinho provavelmente quer roer um osso, correr em círculos ou buscar um graveto que você joga para ele.

Ou seja, o que seu cachorro mais valoriza é diferente do que você valoriza. Lembra o que falamos no capítulo anterior, que os cães não são gente?

A boa notícia é que você, humano, é capaz de observar seu amigo canino para entender o comportamento dele – do que ele precisa? O que o deixa feliz? – e compreender como amá-lo sem mimá-lo.

Quanto maior o amor e a confiança que seu amigo deposita em você, mais ele vai querer fazer tudo certo. Vamos entender como estabelecer essa relação.

🗨 Comportamento e correção

Imagine o seguinte: você está jogando bola na garagem, dá um chute muito forte e ela vai parar no vizinho. Pior: depois de passar pelo muro, bate na janela e quebra o vidro.

Então, ao encontrar você, o vizinho faz um carinho no seu cabelo, oferece um chocolate e devolve a sua bola. Você provavelmente vai pensar que ele não ligou tanto para o que aconteceu e não ficará preocupado se acontecer de novo.

Agora, vamos imaginar outra situação: você nem viu que a sua bolada quebrou o vidro, mas o vizinho vem até a sua casa, não explica nada e começa a gritar e fazer ameaças violentas. Você vai ficar morrendo de medo e não vai entender o que aconteceu. Sem saber que ele ficou assim por causa da janela quebrada, é provável que algum dia acabe cometendo o mesmo erro e chutando a bola na casa dele de novo.

Quando queremos corrigir o comportamento de um cãozinho, precisamos lembrar que é muito importante que ele entenda o que estamos tentando ensinar. Falar muito alto e várias vezes, na nossa língua humana, não costuma funcionar.

Agora, imagine outra cena: você chuta a bola com cuidado, para que ela não vá para o vizinho e, depois de uma tarde toda sem incidentes, ainda recebe parabéns de seu pai ou sua mãe. Você até ganha um prêmio por ter sido tão cuidadoso.

Acha que essa tática funcionaria com você?

Bem, com os cães ela funciona muito. Corrigir não significa castigar.

🟢 O que é corrigir? Quando e como fazer isso?

Antes de começar a corrigir seu cachorro, é importante entender por que ele está tendo aquele comportamento. Se é um filhote e está roendo os pés das cadeiras, essa é uma necessidade dele, pois os dentes coçam.

"Ficar de mal" não vai resolver; ele não vai entender nada e vai continuar precisando roer alguma coisa. Que tal passar algo amargo nos pés das cadeiras, para que ele não goste do sabor e, ao mesmo tempo, dar ao cachorro algo que possa roer?

Então, quando ele usar esse objeto novo corretamente, faça festa e carinho. Aos poucos, o cãozinho vai entender qual é a atitude esperada.

CUIDADO COM A IDEIA QUE VOCÊ PASSA PARA SEU CACHORRO, POIS ELE PODE ENTENDER QUE FAZER COISA ERRADA É O JEITO DE GANHAR SUA ATENÇÃO.

O CÃO ENTENDE QUE LATINDO GANHA PETISCO E COMEÇA A LATIR MAIS!

Capítulo 3 — A troca

🐾 Tipos de troca

Repare bem: é muito comum que, mesmo entre humanos, ao desejar algo de alguém, a gente ofereça algo em troca. Sabe aqueles momentos em que você quer ficar mais tempo no *videogame* e negocia com seus pais, oferecendo-se para lavar a louça? Ou quando faz uma proposta irrecusável para sua irmã, para ela emprestar aquela blusa que você adora?

Com os cães também fazemos trocas. Elas são fundamentais no treinamento, para que o cachorro tenha um estímulo que o faça querer realizar aquilo que você ensina. Mas tem um detalhe: lembra o que foi explicado sobre aprender a pensar com a cabeça do cachorro?

Pois bem, quando falamos em troca, é preciso pensar que ela tem que ser interessante para ele, e não para você.

Você deve estar se perguntando: "Eu sempre vou ter que dar algo para o cachorro me obedecer?". A resposta é: no início do treinamento, sim.

Mas, aos poucos, seu amigo vai aprendendo os comandos e passará a obedecer sempre. Nesse ponto, você pode oferecer carinhos – que ele adora – como recompensas também, alternando com petiscos, para garantir que ele continue motivado!

💭 **Objetos de troca**

Quais são os melhores objetos de troca, ou seja, as coisas ideais para oferecer ao cachorro? Bem, em geral, não é nada complicado: os melhores são aqueles pelos quais ele já demonstra interesse naturalmente, como petiscos, passeios ou brinquedos.

Por exemplo: o Bidu estava sempre puxando a coleira para ir passear de carro. A melhor recompensa para ele, ao aprender a obedecer ao comando de sentar e esperar, é o próprio passeio:

Dica: recompensas que tenham relação com o comando são mais simples para o cãozinho entender. Tente estabelecer essa relação!

Outras recompensas que fazem sucesso com nossos amigos caninos:

 • Petiscos são a recompensa favorita dos treinadores. Para não desbalancear a dieta, reserve apenas para os momentos de treinamento e dê pedaços pequenos.

 • Bolas são uma recompensa que os cachorros adoram, mas, às vezes, é difícil fazê-los soltá-las para treinar o comando de novo. Só use as bolas em ambientes em que o cãozinho fique perto de você e de forma que você consiga pegar a bola e aproveitar esse momento para ensinar também: se soltar a bola, ganha um petisco.

 • Jamais corra com o cãozinho se ele estiver fugindo com o objeto! É exatamente o que ele quer – ele acha que você está brincando com ele –, e você o estará recompensando pela desobediência.

Dica: não tem nada para oferecer a seu amigo e ele ainda está no início do treinamento? Então não dê nenhuma ordem; não é hora de ensinar o cachorro. Deixe o treinamento para depois.

Capítulo 4 — A atenção

Já entendeu que, quanto mais seu cãozinho estiver prestando atenção em você, melhor e maior o sucesso do treinamento, certo?

Ganhar essa atenção dele vai depender não só das técnicas já mencionadas até aqui, mas também de truques para que ele fique ainda mais ligado em você. Quer ver?

- Falar baixo: sabe quando todas as crianças da sua sala estão gritando, aí a professora fala ainda mais alto e você não ouve nada? Mas, quando alguém chega perto e sussurra alguma coisa, você vai querer prestar atenção para tentar entender. Então, se falar baixinho, será ainda mais importante que seu cachorro preste o máximo de atenção, para não perder nada! Faça o teste.

- Comportamento imprevisível: em geral, quando a gente está andando com o cachorro, ele quer ir à nossa frente. Quando isso acontecer, experimente mudar de direção de repente; ele vai ter que ficar mais atento para poder ver para onde você pretende ir.

- Elogie quando ele estiver prestando atenção em você! Reforce esse comportamento. E, quando não estiver, ignore-o.

- Ao dar uma recompensa para ele, faça isso rapidamente, sem enrolação.

🍃 O reverso da atenção

Para que seu cãozinho aprenda a prestar atenção em você, é essencial saber ignorá-lo quando ele não estiver atento.

Sim, isso é difícil, pois cachorros são capazes de fazer carinhas muito fofas quando querem nossa atenção e nós caímos na gargalhada com as gracinhas deles. Mas, se o momento for para a atenção estar direcionada a você, não caia no truque dele.

🍊 A atenção: estímulo, e não limitação

No começo, é normal o cachorro se distrair enquanto você tenta educá-lo. Por exemplo: se estiver ensinando um comando e um gato passar, provavelmente o bichano ganhará a briga pela atenção dele.

Mas não desanime: com o tempo, seu amigo vai entender que você tem recompensas interessantes para lhe oferecer e vai ficar cada vez mais empolgado ao descobrir que pode se comunicar com você por meio dos comandos.

Isso não significa que ele vai virar um robô: fora dos comandos, ele continuará um cãozinho normal, como qualquer outro – mas com um "superpoder" desenvolvido nos momentos em que estiver junto de você!

Capítulo 5 — Acessórios para o treinamento

🔵 Clickers

Os *clickers* são cada vez mais usados, pois dizem, de forma precisa, quando o cãozinho fez algo certo. Rapidamente, o animal associa o barulho do *clicker* ao que fez e, assim, aprende logo. Um estalo de boca, se for firme e exato, também pode funcionar. Mais adiante, no capítulo 8, falaremos mais sobre como usar o *clicker*.

🟢 Petiscos

São ótimas recompensas; descubra o preferido de seu cachorro! Só tome cuidado para não desbalancear a dieta dele: petiscos não devem substituir refeições. Corte em pedacinhos bem pequenos e vá dando aos poucos.

E não precisa ser só daqueles que vendem nas lojas. Pedacinhos de salsicha ou carne cozida, assim como queijo ou a própria ração, também valem.

🟠 Brinquedos

Brinquedos são acessórios excelentes: ajudam a evitar que seu cachorro roa o pé da mesa, o controle remoto da televisão ou o chinelo da sua mãe. Ou seja, também deixam os adultos mais relaxados!

Se seu cãozinho já tem um brinquedo favorito, ótimo: isso quer dizer que você tem uma ferramenta excelente para ser um objeto de troca no treinamento.

No entanto, é muito importante entender que um brinquedo legal não é somente aquele de que seu cachorro gosta, mas também aquele que não vai fazer mal para ele. Objetos pequenos, que podem ser engolidos, não são uma boa ideia, tampouco os que se desfazem (pois o cãozinho pode acabar engolindo uma parte, como um botão ou a espuma de dentro de um boneco).

Um bom critério é ver se o objeto foi feito para cachorros. Se não for, não dê!

BRINQUEDOS RECOMENDADOS ✓

- Bolas de tênis
- Ossos de náilon duro
- Garrafa PET (faça vários furos e coloque petiscos dentro, assim o cãozinho aprenderá a girá-la para os petiscos saírem. É uma ótima distração para quando ele ficar sozinho!)
- Brinquedos feitos de materiais digeríveis, vendidos em *pet shops*

CUIDADO COM ESTES BRINQUEDOS ✗

- Ossos naturais (podem não ter sido esterilizados, causando contaminação, e também podem quebrar, de forma a deixar pontas que perfuram os órgãos do cachorro)
- Bichos de pelúcia (os cachorros, ao mordê-los, acabam despedaçando os bichos e engolindo partes que não foram feitas para serem comidas)
- Bolas de gude (podem quebrar os dentes do cãozinho e causar obstruções se forem engolidas)
- Qualquer bola ou brinquedo que se despedace

 Coleiras

O cachorro deve estar sempre com a coleira de pescoço, mesmo quando não estiver sendo treinado. Sabe por quê? Porque isso permite a você segurá-lo em alguma emergência, como quando ele tentar sair correndo em uma rua cheia de carros.

Além disso, se ele fugir ou se perder, é na coleira que fica a identificação de seu amigo. Portanto, não deixe seu cãozinho sem coleira, hein?

Estes são os pontos mais importantes para você escolher uma boa coleira:

- Material confiável, que não arrebente facilmente.
- Confortável e antialérgica.

Deixe-a justa na medida certa: não pode apertar para não machucar, mas também não pode ficar larga, para não sair pela cabeça do cachorro ou se enroscar em uma planta, por exemplo. Uma boa medida é você conseguir colocar seu dedo entre o pescoço e a coleira, mas não mais que isso.

Dica: vá acostumando seu cachorro com a coleira desde filhote, mas não se esqueça de ajustá-la sempre, para que não fique apertada – filhotes crescem rápido! Caso o cachorro fique incomodado com ela, comece por períodos curtos em momentos de distração.

🍃 Plaquetas de identificação

Nem é preciso dizer quão importantes são esses objetos, né? São essas plaquinhas que vão identificar seu amigo e trazê-lo de volta a você, no caso de ele se perder. Elas podem ser de plástico ou de metais que não enferrujem e devem estar sempre presas à coleira.

🍊 Guias

Assim como as coleiras, as guias devem ser confiáveis, de material resistente, para que não estourem. A ideal é leve e silenciosa, para que seu cachorro nem repare que está preso a ela – principalmente durante o treinamento. Assim, quando não estiver com a guia, ele continuará obedecendo aos seus comandos. Veja alguns tipos:

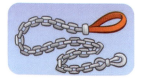

- Guia de corrente: boa para o animal que precisa ficar preso sem supervisão de um humano por algum tempo, pois ele não conseguirá roer. No entanto, é pesada e barulhenta e, por isso, ruim para o treinamento.

- Guia de tecido pesado e largo: também não é aconselhável para o treinamento, por ser pesada.

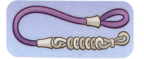

- Guia com molas: pode machucar o cachorro ou o tutor. Não é aconselhável.

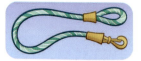

- Guia de cordão resistente: ideal para o treinamento, por ser leve. Teste antes para ter certeza de que é resistente.

- Guia regulável ou flexível: é boa para o treinamento, pois permite regular o comprimento. É importante que ela trave bem, portanto teste antes de escolher. Além disso, precisa de bastante atenção ao passear com o cãozinho na rua, para que ela não fique solta demais e coloque seu amigo em perigo (se ele for para a rua, por exemplo).

🗨 Equipamentos para maior controle

Você já deve ter visto por aí um tipo de guia que aperta o pescoço do cachorro para fazê-lo parar. Ela pode machucar muito e não funciona bem, por isso não é recomendada.

Existem acessórios que ajudam muito mais a controlar a força e a ensinar o cãozinho a não puxar a guia sem precisar enforcá-lo. Olhe só:

- Coleira de cabeça ou "cabresto": com ela, toda vez que o cãozinho puxar a guia, sua cabeça vai virar automaticamente. Além de não o machucar, ela ensina o animal a parar de puxar.
- Peitoral com engate frontal: o peitoral fica preso à guia pela frente, criando um desconforto no cachorro quando ele tentar puxar.

🗨 Utensílios que ajudam na correção do comportamento

Lá no capítulo 2, foi mostrado que há alguns truques que ajudam a inibir certos comportamentos de seu cachorro, como passar algo amargo no pé da cadeira que ele está querendo roer – sem deixar de providenciar algo que ele possa morder, se for um filhote com os dentes coçando.

Além da substância amarga, outras coisas podem ser feitas com a intenção de fazer seu amigo desistir de certos comportamentos. Veja, mais à frente, como usá-los. E não se esqueça: a intenção é inibir, jamais castigar, muito menos machucar seu cãozinho.

🗨 Removedores de odor

Você já deve ter ouvido falar que os cachorros, em geral, fazem xixi nos mesmos pontos. Eles "marcam" esses lugares para voltar depois, pois sentem o cheiro da própria urina e fazem de novo. Isso pode ser um problemão quando não se tratar do lugar correto.

Por isso é tão importante tentar "neutralizar" esse cheiro o mais rápido possível, para o cachorro "esquecer" que urinou ali. O melhor jeito de fazer isso é usando produtos específicos, pois os de limpeza que temos em casa, em geral, não apagam totalmente o cheiro do xixi e ainda podem ser tóxicos para os nossos cães.

Capítulo 6
Técnicas para o treinamento inteligente

> Para lembrar: o amor, a troca, o respeito, a atenção... Tudo isso que você aprendeu nos capítulos anteriores representa as leis fundamentais para o sucesso do treinamento de um cãozinho. Nunca se esqueça delas!

Agora que você já aprendeu as leis fundamentais do treinamento, pode aprender sobre as técnicas.

🐾 Paciência

Esta parte pode ser difícil, especialmente para as crianças. Mas acredite: você precisará ter muita paciência para que o treinamento de seu amigo seja bem-sucedido.

Isso significa que, além de ensinar muitas vezes a mesma coisa e não perder o foco, não deve treiná-lo nos dias em que você estiver nervoso ou estressado, por exemplo. Seu cãozinho pode acabar associando alguma sensação ruim ao treinamento, e isso vai prejudicar o aprendizado dele. Muita calma nessa hora!

🐾 Inteligentes, mas não adivinhos

Imagine esta situação: seu amigo destruiu o sofá, espalhando o enchimento das almofadas pela sala inteira. Cenário de apocalipse! Mas ele estava sozinho e ninguém viu quando isso aconteceu.

Depois de destruir o sofá, ele, bem satisfeito, foi para a cozinha, bebeu água, deu uma cheiradinha nos cantos do banheiro e latiu pela janela. Uns quinze minutos depois do estrago, você chega em casa, entra na sala, vê a situação e dá a maior bronca do século nele.

Bronca atrasada não adianta nada – até rimou! Seu cachorro não vai entender. Pior: pode ficar ansioso e amedrontado, sem saber o que está fazendo de errado.

Por isso, se você não conseguiu corrigi-lo no momento exato do ato, esqueça. Isso mesmo: nem uma bronquinha sequer.

🐾 Mudando o comportamento do cãozinho

Quando você dá uma bronca em seu amigo ao vê-lo fazendo algo errado, ele pode acabar aprendendo que não deve fazer isso apenas quando alguém estiver por perto. Ou seja, quando não houver ninguém por perto está tudo liberado.

Uma forma de evitar isso é tentando restringir o acesso de seu cachorro ao local ou ao objeto enquanto você não estiver por perto, durante a fase de aprendizado.

Essa restrição pode ser útil para os casos em que as correções dependem da presença humana. Outros tipos de correção, como colocar algo com gosto amargo no pé da mesa, não precisam que você esteja por perto para funcionar. Pense nisso.

🐾 Como despersonalizar a correção

A correção que depende de você é chamada de "personalizada" – pois precisa da pessoa. Como comentamos, nesses casos, pode acontecer de seu amigo achar que só não pode fazer aquilo com você por perto e continuar fazendo tranquilamente na sua ausência.

Existem técnicas que servem para o que chamamos de "despersonalizar" a bronca. Ou seja, fazer o cãozinho entender que não pode fazer aquilo de jeito nenhum, esteja alguém por perto ou não. Quer ver alguns exemplos?

- Fitas adesivas ou fitas de dupla face no chão do local onde não é para seu amigo fazer xixi. Isso vai deixá-lo desconfortável, mesmo que você não esteja por perto para ensinar. Filmes de PVC ou papel-alumínio também funcionam.
- *Sprays* repelentes ou com gosto amargo, encontrados em *pet shops*, para borrifar nos objetos que ele não pode roer.

Não dessensibilize as correções

Um cuidado importante que se deve ter é o de não começar as broncas com muito "carinho" e só depois ir "apertando".

Em geral, isso faz a bronca perder todo o efeito! Seja firme (nunca amedrontador) desde o início do treinamento.

🐾 Alternando recompensa e correção

Quando recompensar e quando corrigir? Veja este exemplo:

Para ensinar um cãozinho a parar de morder sua mão, provoque, brincando com ele, colocando a sua mão em uma posição em que ele possa morder. Assim que ele fizer isso, ou quando estiver quase fazendo, impeça (por exemplo, colocando algo amargo no lugar onde ele iria morder). Provoque-o novamente. Se morder outra vez, impeça novamente. Caso não morda, recompense imediatamente com carinho e palavras amáveis. Faça isso até o cãozinho se recusar a morder a mão.

🐾 Ignorar é uma ótima estratégia

Vale repetir porque é uma técnica muito importante: às vezes, ignorar é o mesmo que treinar. Por exemplo: o cachorro fica sentando ao seu lado, no momento da refeição, latindo e pedindo comida – e, cá entre nós, se ele faz isso é porque alguém já deu.

Se você conseguir ignorar com firmeza (e muita paciência, não esqueça!), com o tempo ele vai acabar desistindo. Mas, antes, seu amigo provavelmente latirá com mais força e usará de todo o charme para conseguir o que quer. Se nessa hora você ceder, o que ensinará?

Você mostrará que ele precisa latir mais forte para conseguir algo. Ou seja, o problema só vai piorar. Seja firme!

Capítulo 7 — Linguagem

Cachorro não fala a nossa língua, mas, como dissemos lá no começo deste livro, a gente pode aprender a se comunicar com eles. Para isso, existem algumas técnicas simples que ajudam.

Sempre que for se comunicar com seu amigo canino, tente usar três formas de expressão:

Muitas vezes, usar só uma dessas formas de expressão já será suficiente. Mas também pode acontecer de você precisar dar um comando para seu cãozinho, por exemplo, em um lugar muito barulhento.

Nesse caso, se ele estiver acostumado a prestar atenção aos seus gestos, e não só às palavras, vai entender.

Na hora de falar com o cachorro, é preciso usar palavras muito simples e com ênfase nas sílabas fortes. Por exemplo:

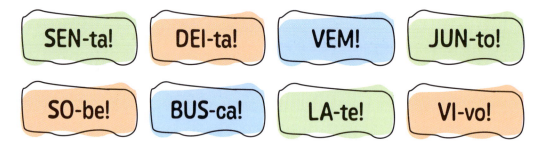

Dica: nenhum comando deve ser parecido com o nome de seu cãozinho. Imagine se ele se chamar Pégasus e o comando é "Pega". Ele pode confundir as duas coisas e sair atacando gente no meio da rua quando você o chamar pelo nome. Não queremos esse tipo de confusão, não é mesmo?

Capítulo 8
Técnica do *clicker*

Parece mágica, mas o *clicker* é, na verdade, um instrumento muito simples – e tão eficaz que se tornou o mais usado pelos treinadores. Essa ferramenta emite um barulhinho que, ao ser produzido no momento exato em que o cão faz a coisa correta, deixa mais claro quando ele acertou.

Uma vez que, logo após o acerto, recebe uma recompensa, o cão passa a querer ouvir o barulhinho – e o próprio som já vira um objetivo para ele.

Mas você não precisa ter um aparelhinho desses. Outros sons que sejam muito claros e curtos – como um estalo de dedo, um barulho feito com a boca ou um toque de metal – podem servir.

O importante é que esse seja um som único, que o cão só ouça no momento do acerto. Caso contrário, vai ficar confuso. Ou seja: não adianta assoviar para sinalizar que ele acertou um comando e continuar assoviando depois que o treinamento terminar.

Caminhe com seu cãozinho em um parque ou na rua usando uma guia comprida. Ele passará à sua frente, irá para trás, para todos os lados.

Em alguns momentos, ele ficará na posição "junto" – ao seu lado. Use o *clicker* só quando seu cãozinho estiver nessa posição e, em seguida, recompense-o com um petisco.

Em pouco tempo, ele descobrirá essa posição maravilhosa que faz soar o *clicker*, e você terá conseguido o comportamento desejado.

Esse princípio pode ser repetido com praticamente qualquer comportamento que você deseja que o cãozinho aprenda. Mas lembre-se: paciência e repetição são necessárias – nenhum cachorro aprende em uma única vez!

Capítulo 9 — Comandos

Você sabia que, além de ensinarem truques e comportamentos para os cãezinhos, os comandos também são positivos de várias outras formas?

- Os comandos ajudam você e seu cãozinho a estabelecer uma comunicação mais clara. Com isso, seu amigo consegue transmitir com mais facilidade o que precisa. É bom para você e melhor ainda para ele.

- Ao dominar os comandos, seu cãozinho fica mais confiante e aprende a ter foco, o que é muito bom para o emocional dele.

- Os comandos ajudam em situações do dia a dia, como se sentar e dar a patinha para cortar a unha, ou se comportar bem na frente das visitas, sem sair pulando nem latindo para elas.

- Os treinamentos são um jeito de vocês passarem bastante tempo juntos fazendo algo divertido!

Vamos colocar a "mão na massa"?

Antes, só mais um lembrete: enquanto você estiver lendo, vai sentir vontade de largar o livro e sair correndo para começar logo o treinamento. Contudo, é essencial ler primeiro todas as etapas e entender bem cada uma delas. Combinado?

Você vai ver que todos os comandos têm as mesmas etapas: **capturar** o movimento correto, **relacionar** o movimento ao nome do comando (palavra) e, por último, **modelar** o comportamento. Parece complicado, mas você vai entender tudinho.

Na **captura** do comportamento, o objetivo é apresentar o movimento ou o comportamento ao seu cãozinho. Você vai usar o *clicker* para que ele entenda o que se espera dele, fazendo um gesto e induzindo com a recompensa (o petisco, por exemplo). Essa parte precisa de bastante repetição.

Na segunda etapa, você vai **relacionar** esse movimento que ele aprendeu ao comando de voz. Lembra quando explicamos que era importante usar gestos e voz?

Na terceira e última etapa, é hora de **modelar**, ou seja, começar a dar o comando sem mostrar o petisco ou então deixar o truque mais "sofisticado". É quando seu amigo vai ficando muito craque no treino: basta você falar, e ele faz.

Um modelo de cãozinho!

Perceba como todos os comandos seguem a mesma lógica. Todas as etapas são importantes.

🌱 Ensinando o comando SENTA

Esse comando é bem simples e, por isso, é legal que seja o primeiro que seu cãozinho aprenda. Quanto mais comandos ele for dominando, mais facilidade vai ter para aprender outros mais complexos.

Capture o comportamento

Para induzir seu cãozinho a se sentar, um jeito legal é pôr um petisco na palma da sua mão e colocar a mão acima da cabeça dele. Então, vá abaixando. Assim que ele se sentar, aperte o *clicker* e dê a recompensa.

Repita até que ele passe a se sentar todas as vezes que você fizer o gesto com as mãos, erguendo a recompensa. Não use ainda o comando SENTA.

Relacione ao comando

Quando ele estiver sentando toda vez que você erguer a recompensa, é hora de ensinar o comando SENTA. Lembre-se da dica de linguagem, dando ênfase à sílaba mais forte da palavra, ou seja, "SEN-ta!". Diga a palavra enquanto faz o gesto.

Modele o comportamento

Assim que você perceber que seu cãozinho aprendeu a relacionar o comando SENTA ao ato de se sentar, você pode começar a dar o comando antes de erguer a recompensa.

E se... ele pular, recuar e não se sentar?

Nunca force seu amigo a se sentar, pois isso o fará associar o treinamento a algo ruim. Tenha paciência. Mantenha a recompensa com você e só a ofereça quando ele se sentar.

Se a recompensa não estiver interessando, tente outra coisa. O importante é fazer o barulho do *clicker* só quando o cachorro se sentar e dar a recompensa nessa hora. Ele vai acabar entendendo o que precisa fazer.

🐾 Ensinando o comando VEM

Todos os comandos devem ser sempre associados a coisas agradáveis. Caso contrário, seu amigo não vai querer obedecer e o treinamento terá ido por água abaixo. Para o comando VEM, isso é ainda mais importante: se você usar esse termo para coisas que seu cãozinho não quer fazer, como tomar banho, ir para o canil ou mesmo ir embora do parque, ele não vai aprender a obedecer.

Por isso, se você já usa essa palavra para esse tipo de chamado, escolha outra para o treinamento. O importante é que a palavra aqui seja usada sempre – e apenas – para o momento em que seu amigo será recompensado.

Capture o comportamento

Basta dizer a palavra e mostrar a recompensa; naturalmente ele virá até você. Nesse caso, como o cãozinho já fará esse movimento, você já pode usar o comando VEM ao mesmo tempo que a recompensa é mostrada.

Relacione ao comando

Nesse caso, o comando já pode ser dito na primeira etapa.

Modele o comportamento

Assim que ele aprender que toda vez que você disser o comando ele deve vir até você para receber a recompensa, comece a mandá-lo se sentar para recebê-la.

E se... ele ignorar o chamado?

Tente achar uma recompensa mais atrativa!

🐾 Ensinando o comando DEITA

Assim como no SENTA, jamais force seu cãozinho a ficar nessa posição. Geralmente é mais fácil ensinar a se deitar depois que ele já sabe se sentar – tente ensinar nessa ordem.

Capture o comportamento

Coloque o cãozinho na posição "sentado" (usando o *clicker* e dando a recompensa). A partir dessa posição, coloque sua mão com a nova recompensa perto do focinho dele e vá se abaixando devagar. A ideia é que ele vá se abaixando junto. Tudo bem se ele seguir a sua mão apenas com o focinho, ficando um pouco "corcunda". Use o *clicker* e recompense quando a cabeça chegar perto do chão. Repita, lembrando que ele deve sempre partir da posição "sentado". A cada repetição, deve ficar mais confortável e "deitado".

Relacione ao comando

Quando ele realmente aprender a se deitar, introduza a palavra DEITA na hora em que ele chegar a essa posição. Continue fazendo o gesto com a mão para ajudá-lo a entender o que fazer e associar o gesto com a palavra.

Modele o comportamento

Assim que ele estiver fazendo bem o exercício, comece a abaixar menos a mão enquanto fala o comando. Conforme ele for acertando, recompense e desça a mão um pouco menos na próxima vez, até que esteja fazendo apenas o gesto com a mão sem tirá-la do lugar.

E se... o cãozinho que estiver sentado começar a levantar a parte traseira do corpo para alcançar a recompensa, em vez de se deitar?

Tenha paciência e vá devagar. Volte para a posição "sentado" e tente de novo. Só recompense quando ele acertar a posição.

🍃 Ensinando o comando FICA

Esse comando tem uma característica "especial", que pode dificultar o treinamento: quando o cãozinho sai do FICA, ele vai para perto de você – o que, para ele, é uma recompensa!

Ou seja, se ele não obedecer, acontece algo bom para ele do mesmo jeito. É claro que dá para a gente contornar essa dificuldade: um ambiente onde o cãozinho se sinta seguro e não precise ir atrás de você é essencial para começar a treinar esse comando.

Escolha um momento calmo, na sua casa. Assim, quando você começar a se afastar, ele não se sentirá abandonado ou ansioso para ir em sua direção.

Capture o comportamento

Peça a seu amigo que se sente ou se deite e, assim que ele obedecer, dê a recompensa. Repita algumas vezes e, a cada vez, aumente um pouquinho o tempo em que ele fica sentado (ou deitado) antes de usar o *clicker* e recompensar. Se ele estiver saindo da posição antes de você liberá-lo, é porque o tempo está muito longo.

Relacione ao comando

Quando ele entender que precisa esperar para receber a recompensa, está na hora de apresentar a palavra FICA. Assim que ele se sentar, diga a palavra, faça o gesto, espere alguns segundos e só então recompense.

Modele o comportamento

Comece a recompensar só quando ele se mantiver na posição correta, sem se mexer.

E se... ele ficar só um pouco e depois sair da posição?

Vá mais devagar. Peça a ele que espere menos tempo e vá aumentando aos poucos. Não dê atenção nem recompensa quando ele sair da posição.

🐾 Ensinando o comando PATINHA

Esse comando pode ser mais simples do que parece. Isso porque dar a patinha é um movimento natural dos cachorros, que eles fazem com facilidade. Melhor ensinar esse truque depois que seu amigo já tenha aprendido o SENTA.

Capture o comportamento

Com seu cãozinho sentado, pegue um petisco e deixe-o na sua mão, com ela fechada. Coloque perto do focinho. Ele vai cheirar, talvez tente mordiscar, mas quando perceber que não conseguirá nada assim, vai tentar mexer na sua mão com a patinha. Essa é a hora de usar o *clicker* e abrir a mão para dar a ele o petisco.

Dica: deixe a mão fechada, meio virada, com o petisco para a patinha que quer que ele dê.

Relacione ao comando

Assim que ele estiver colocando a patinha corretamente, é hora de apresentar as palavras: PATA ou PATINHA, como você preferir.

Modele o comportamento

Comece a abrir a mão, com a palma virada para cima, para que ele "bata" a patinha. Nesse momento não é mais necessário que o petisco esteja escondido em sua mão fechada.

E se... ele ficar muito ansioso, dando várias patadas apressadas e se mexendo?

Melhor não recompensar – é importante que ele entenda que o comando é deixar a patinha permanecer por pelo menos um segundo na sua mão, com calma e foco.

Mas cuidado para não deixá-lo sem recompensa depois de muitas repetições: isso pode desanimá-lo. Mesmo que não esteja perfeito, dê a recompensa quando ele apresentar alguma melhora, ainda que pequena. Isso vale para todos os comandos!

Missão cumprida

E assim chegamos ao final deste livro, que é apenas uma amostra de como os cãezinhos são incríveis e podem aprender coisas muito legais.

Esperamos que você lembre sempre que, para educar um cãozinho, o amor incondicional vem em primeiro lugar, seguido de muita paciência e respeito.

Lembre-se: você e sua família são a matilha de seu cãozinho. Por isso, a melhor forma de ensiná-lo é mostrar que ele tem um ambiente seguro. Então, nada de broncas e castigos! O segredo, como aprendemos, é deixar fácil para ele acertar e, logo depois, recompensá-lo.

Por fim, todos os princípios básicos que você leu aqui são universais e têm tudo para funcionar com todos os cãezinhos. Porém, antes que você comece a treinar o cãozinho da sua vizinha ou de algum amigo, por exemplo, peça permissão e pergunte se ele é manso. Segurança em primeiro lugar, sempre!

Bom treinamento!

Mauricio de Sousa

Nascido em 27 de outubro de 1935 em Santa Isabel (SP), Mauricio de Sousa é filho de poetas e cresceu em uma família de contadores de histórias, cercado por arte, livros e cultura.

Ainda criança, mudou-se com a família para Mogi das Cruzes (SP), onde descobriu sua paixão pelo desenho e começou a criar seus primeiros personagens.

Com 19 anos, decidiu ir morar em São Paulo (SP) para trabalhar como ilustrador, mas tudo o que conseguiu foi uma vaga de repórter policial na *Folha de S.Paulo*. Em 1959, convenceu o editor a publicar uma tirinha semanal, com as aventuras do garoto Franjinha e de seu cãozinho Bidu. Aos poucos, as tiras espalharam-se por jornais de todo o país, até que, em 1970, Mauricio de Sousa lançou uma revista para suas criações: *Mônica*, pela Editora Abril. E o resto é história.

Membro da Academia Paulista de Letras e dono de um estúdio que dá vida a mais de quatrocentos personagens, é hoje o mais famoso e premiado autor brasileiro de histórias em quadrinhos.

Alexandre Rossi

Alexandre Rossi, conhecido como Dr. Pet, é especialista em comportamento animal, zootecnista e médico-veterinário.

Alexandre começou a se interessar por comportamento animal aos 6 anos, observando seus peixes no aquário. Nessa época, ele ensinou aos peixes alguns truques, como passar por argolas e tocar pequenos sinos na hora de comer. Mais tarde, esses treinos se estenderam a coelhos, *hamsters*, cães, gatos, elefantes, tigres, hipopótamos...

Hoje, o Dr. Pet dá palestras pelo mundo, forma novos profissionais, oferece cursos de adestramento, participa de programas de TV e gera conteúdo para as redes sociais sobre saúde, comportamento e bem-estar animal.

Mas ele não faz isso sozinho! Com seus "filhos peludos", Estopinha (sua fiel assistente), Barthô e a gatinha Miah, ele é uma grande referência no assunto, seja divulgando conhecimento científico, seja dando dicas mais descontraídas para os tutores.